NOTICE

D'ESTAMPES

ANCIENNES, ORNEMENTS

Écoles du XVIIIe Siècle

ET PIÈCES EN COULEUR

PORTRAITS

LITHOGRAPHIES

Provenant de la Collection de M. D.

DONT LA VENTE AURA LIEU

HOTEL DES COMMISSAIRES-PRISEURS

RUE DROUOT, 5

SALLE N° 6, AU PREMIER ÉTAGE

Le Mardi 22 Mars 1864

A UNE HEURE PRÉCISE

Me **DELBERGUE-CORMONT**, Commissaire-Priseur,
rue de Provence, 8,

Assisté de **M. VIGNÈRES**, marchand d'Estampes,
rue de la Monnaie, 13, à l'entresol ; entrée rue Baillet, 1,
Chez lequel se distribue la présente Notice.

PARIS — 1864

CONDITIONS DE LA VENTE

L'ordre du catalogue sera suivi.

Tous les lots ne formant pas suite complète pourront être divisé.

Au comptant.

Cinq pour cent en plus des enchères applicables aux frais.

M. VIGNÈRES, dirigeant la Vente, se charge des Commissions.

Nota. Toute commission sans prix fixé ou sans limite déterminée sera regardée comme nulle.

M. Vignères se charge de faire marquer les prix aux Catalogues des ventes qu'il a faites. Les personnes qui le désirent peuvent s'adresser à lui *franco*.

Avis. — Nous prions MM. les Amateurs éloignés de ne pas attendre au dernier jour, pour quo les lettres arrivent le matin de la vente ; ils comprendront que quelques lettres peuvent se lire, mais de 20 à 50 lettres, c'est difficile.

PORTRAITS EN BISTRE

Collections de Portraits inédits ou rares de Personnages célèbres

REPRODUITS NOUVELLEMENT PAR LA GRAVURE

Publiés par VIGNÈRES, M^d d'Estampes

Rue de la Monnaie, 13, à l'entresol, entrée rue Baillet, 1.

ALBANY (Louise-Max. de Stolberg, comtesse d').	Gravée par Varin.
AMOROS, colonel, fondateur de la gymnastique en France.	id.
ARGOUT (Antoine-Maurice-Apollinaire, comte d').	J. Porreau.
BABEUF (F.-N.-Gracchus), journaliste.	id.
BARÈRE (Bertrand), de Vieuzac, conventionnel.	id.
BEAUHARNAIS (comtesse Stéphanie de), poète, romancière.	Sisco.
BERRUYER, général, commandant des Invalides.	J. Porreau.
BERTRAND DE MOLLEVILLE, marquis, ministre, littérateur.	id.
BIEVRE (marquis de), célèbre auteur de calembourgs.	id.
BLANCHARD (Madeleine-Sophie-Armand, Madame), aéronaute.	id.
BONJOUR (Casimir), auteur dramatique.	id.
BORGHÈSE (Camille-Philippe-Louis), prince.	id.
BOSSUT (Charles), mathématicien.	id.
BRAZIER (Nicolas), auteur dramatique, d'après Marlet.	id.
BRISSOT (J.-P.), de Varville, conventionnel.	id.
CANCLAUX (J.-B. Camille, comte de), général, pair.	id.
CAYLA (comtesse de), née Talon, d'après le baron Gérard.	Massard.
CLOUET dit JANET, (François), peintre de portraits.	J. Porreau.
COCHON, comte de l'APPARENT, conventionnel, ministre.	id.
DEBUREAU, acteur des Funambules, Pierrot.	id.
DE FERMONT (comte), député, conseiller d'État.	id.
DEVIENNE, actrice, Théâtre-Français.	Normand.
DONADIEU, baron, général de division.	J. Porreau.
DORAT-CUBIÈRES-PALMEZEAUX, poète, auteur dramatique.	id.
DROZ (Joseph), littérateur, académicien.	id.
DUCHESNE aîné, conservateur du cabinet des estampes.	id.
DUCOS (Roger), avocat, constitut., 3° consul provisoire.	id.
ÉLIE DE BEAUMONT, avocat au Parlement de Paris.	Devritz.
EMPIS (Adolphe), auteur dramatique.	J. Porreau.
EPAGNY (d'), poète dramatique.	id.
FABRE DE L'AUDE (comte), député, pair, littérateur.	id.
FIEVÉE (J.), littérateur, auteur dramatique.	id.
FRÉRON (Louis-Stanislas), conventionnel.	id.
FROCHOT, comte, préfet, député.	id.
GARNERIN (A.-J.), inventeur du parachute.	id.
GARNERIN (Élisa), aéronaute.	id.
GAUDIN, duc de Gaëte, ministre des finances.	id.
GENLIS (A. Brulard, comte de), cap. des gardes, convent.	id.
GEOFFROY (J.-L.), critique, journaliste.	id.
GODOI (don Manuel), prince de la Paix.	Varin.
GOUFFÉ (Armand), chansonnier, vaudevilliste.	J. Porreau.

GUIMARD (Mademoiselle), danseuse.   J. Porreau.
JOUFFROY (Théodore-Simon), professeur, académicien.   id.
JOUSSELIN DE LASALLE, homme de lettres.   id.
KANT (Emmanuel), philosophe allemand.   Bracquemond.
LACALPRENEDE (Gauthier de Costes, seign. de), romancier.   Varin.
LAINÉ (J.-H., vicomte), ministre et académicien.   J. Porreau.
LAMBALLE (princesse de), dess. d'ap. nature par Gabriel,   id.
LASOURCE (M.-David-Albin de), député du Tarn.   id.
LAVALLIÈRE (L.-F. de la Baume, duchesse de).   id.
LUCOTTE (Edme-Aimé), lieut.-général, comte, né à Dijon.   id.
MARAT, à la tribune, dess. d'après nature par Gabriel.   id.
MARTIN (Louis-Aimé), littérateur.   id.
MAUREPAS (J.-Fréd. Phelypeaux, comte de), ministre.   Varin.
MAZÈRES (Édouard), auteur dramatique.   J. Porreau.
MESMER, auteur du magnétisme animal.   id.
MÉZERAI, actrice, Théâtre-Français.   Normand.
ORLÉANS, duc de Montpensier (Ant.-Philippe d'), 1773-1807.   J. Porreau.
PERSUIS (L. Loiseau de), musicien, d'ap. Pierre Guérin.   id.
PETIET (Claude), député, ministre de la guerre.   id.
PHILIDOR (André-Danican), musicien, auteur du jeu d'échecs.   id.
PILON (Germain), sculpteur, 1550.   id.
PIXERÉCOURT (Guilbert de), fac-simile, d'après J. Boilly, in-4.   id.
PONGERVILLE (Samson de), académicien.   id.
PONTUS DE LA GARDIE, général en Suède.   id.
RAMEL-NOGARET, ministre des finances, préfet.   id.
REVEILLÈRE-LEPAUX, botaniste, théophilanthrope.   id.
ROBERT-LINDET, député, conventionnel, ministre.   id.
ROMME (Gilbert), conventionnel.   id.
ROUGET DE L'ISLE, auteur de *la Marseillaise*, musicien.   Varin.
SAINT-HURUGE (marquis de).   J. Porreau.
SAINT-PRIX, acteur, Comédie-Française.   id.
SAINT-SIMON (Claude-H., comte de), philosophe.   Perrot.
SILVAIN MARÉCHAL, poète et littérateur.   Devritz.
TALLIEN (Madame), née Cabarus, d'après le baron Gérard.   Massard.
TREILHARD (J.-B., comte), député, ministre, etc.   J. Porreau.
TRONSON DU COUDRAY, avocat, du Conseil des Anciens.   id.
VADIER (A.), député aux États-Généraux.   id.
VATOUT (J.), poète, académicien, bibliothécaire.   Varin.
VIGÉE (L.-G.-B.-E.), poète et auteur dramatique.   J. Porreau.
CARTOUCHE (Louis-Dominique), fameux voleur.   Lallemand.
MANDRIN (Louis), fameux contrebandier.   Delaistre.

Chaque portrait pouvant entrer dans un in-8° est tiré in-4°.
Avec la lettre, papier blanc, 1 fr.; papier de Chine, 1 fr. 25 c.
Avant la lettre, papier blanc, 1 fr. 50 c.; papier de Chine, 2 fr.
Dont il n'est tiré que 20 épreuves blanc et 5 Chine.

Afin de faciliter les recherches des Amateurs de portraits, soit pour les illustrations, soit pour les collections d'autographes ou autres, *deux Catalogues détaillés* de quelques collections de portraits qui peuvent se trouver chez moi, classés par ordre alphabétique, seront remis aux personnes qui en feront la demande affranchie.

Renou et Maulde, imprimeurs de la Compagnie des Commissaires-Priseurs.
rue de Rivoli 144.   29749

DÉSIGNATION

ESTAMPES ANCIENNES

1 **Anonyme**. Saints en médaillons. 8 petites pièces rondes, de l'origine de la gravure. — 1

2 **Bandinelli** (d'ap. B.). Adam et Ève. — 1

3 **Barbé**. Sainte Famille, l'Enfant Jésus tenant deux pommes. — 1

4 **Barrière** (Dom.) et autre. Vues de Tivoli, etc., Enghien, Versailles et autres. 39 p. — 2 75

5 **Bauduin** (A.-F.). Paysages. 2 p. — 0

6 **Bois** anciens. Sainte Famille. — Partie de la fontaine de Jouvence, et autre. 3 p. — 1

7 **Bol** (H.). Fêtes villageoises. 2 p. — 0

8 **Bonasone**. Le Temps. B. 172. Belle ép. — 1

9 **Bosse** (A.). L'Enfant prodigue gardant des pourceaux ; Aux genoux de son père ; Costume d'ap. S. Igny. 3 p. — 3 50

10 **Brambilla** (Ant.). 1582. La Chapelle Sixtine avec le pape et les cardinaux. Belle pièce rare. — 0

11 **Breughel** (D'ap.). 5 paysages, *Cock ex*. — 1 50

12 **Bruyn**. Les scènes de l'Enfant prodigue, d'ap. *Savery*. Belle ép. — 1

13 **Bry** (Th. de). Cavalier, Dame et autre, Ecus d'armes. 5 p. — 1 25

14 **Callot**. Carrière de Nancy. — La Foire de Florence. 2 p. — 3 50

15 **Carrache** (D'ap. L.). Paysage par le maître au monogramme G. C. V. n° 10.

16 **Daven** (Léon). Le corps de Patrocle enlevé. Grande et belle pièce.

17 **Demortain** (Chez). Plans, profils et élévations du château de Versailles, 1715. in-fol. 50 p. sur 48 feuilles.

18 **École de Fontainebleau.** Henri II ayant surmonté tous les vices entre dans le temple de l'Immortalité. Très-belle ép.

19 — Histoire de Jason, etc. 6 p.

20 **Edelinck.** Vierge et Jésus. R. D. 6. Très-rare, ép. du premier état avant l'écusson d'armes.

21 **Falda.** La Basilique Saint-Pierre de Rome, Très-belle ép. — Le palais Mazarin à Rome, par Silvestre. 2 p.

22 **Falk**, graveur polonais. Les Quatre forgerons. — Esaü vendant son droit d'aînesse. 2 p. avec marge.

23 **Farinati.** Pharaon submergé. Belle pièce.

24 **Hollar.** Diane, Têtes de femmes. 3 p.

25 **Lebrun** (D'après). L'Aurore, etc., Plafond. 10 p.

26 **Leclerc.** Bataille de Bruges, 1667, et 4 p. des petites conquestes. 5 p.

27 **Ozanne.** Marines. 9 p.

28 **Pas** (C. de). Les Sens, 5 p. rondes, 4 carrées. 9 p.

29 — Sujets drôlatiques, allégoriques, etc. 20 p.

30 — L'Enfant prodigue et autre. 6 p.

31 **Rembrandt.** Paysage aux trois chaumières, B. 217. Belle ép. du 2ᵉ état.

Hag. 7.

Hag. 3,

Hag. 8

[illegible]

[illegible]

[illegible] albert [illegible]

[illegible]

32 **Ridinger**. Chiens, Animaux carnassiers, et
autres sujets d'animaux de chasse, etc. 130 p.

33 **Rogel** (Hans). Le Christ en croix entre quatre
Saints et Saintes, au bas les donataires avec la
date de 1540. Pièce rare, imprimée au verso et au
recto.

34 **Rugendas**. Scènes de camp militaire. 24 p.

35 **Savry**. Le cortége et les cérémonies du mariage
de Marie de Médicis, allégories, etc. 16 p.

36 **Solis** (Virgile) et autre. Orgie, Chasse, etc. 10 p.

37 **Soutman**, 1650. Costumes des peuples du Nord
avec les portraits de Christine et Gustave Adolphe
de chaque côté du titre. 7 p., belles ép.

38 **Stradan**, 1570. Chasse au sanglier. Sup. ép.

39 **Stéphanus**. Histoire de Latone, 5 p. — Allégories, 13 p.

40 **Tempesta**. Ordre de la cavalcade du Grand-
Turc. 5 frises très-longues. — Chasses au cerf, à
l'ours, etc., 3. — 8 p.

41 **Tetelin** (D'ap.). Guirlandes d'enfants. 5 p.

42 **Velde** (J.-V. de). Scènes de fêtes de village.
6 petites pièces en frises. Rares.

43 — Les Éléments et autres. 6 p.

44 — Les Saisons. 4 grandes et belles scènes villageoises.

45 **Vincboons** (D'ap.). Les Saisons. 4 très-belles
pièces, par Hondius et autres. — Sujet de chasse.
5 p.

ORNEMENTS

Aug. 10

Bernard 1?

Bernard 12.

Hog. 8

Hog. 5

62 **Tyroff**. Devises et arabesques de Waschmut.   *1   25*
8 p.

63 **Venitien** (Aug.). Vases, Chandelier, et de Po-   *2*
lydore. 6 p.

64 Ornements divers. 32 p.   *45*   *7*

ÉCOLES DU XVIIIᵉ SIÈCLE

65 **Anonyme**. Les Saisons. 4 p., genre Watteau.   *1   75*

66 **Bartolozzi**, d'ap. Corrège. Jupiter et Io.   *1   50   Vuy*

67 **Baudouin** (D'ap.). La Rencontre dangereuse.   *3   50*
— La Sentinelle en défaut. 2 p.

68 **Bertaux** (Duplessis). Recueil de 100 sujets de   *7   50*
divers genres.

69 **Boucher** (D'ap.). Naissance de Bacchus, Chasse   *4   75*
chinoise et autres. 4 p.

70 **Boydell**. Jason. — Exposition de Cyrus. 2 p.   *3*
avant la lettre. — La même avec la lettre. 3 p.
Très-belles avec marge.

71 **Canot**. D'ap. Backuysen et Vandevelde. 2 Ma-   *1*
rines avant la lettre. Très-belles ép., marge.

72 **Challe** (D'ap.). La défaite. — La Conviction. 2 p.   *4   75*

73 **Chantreau** (D'ap.). Rue d'un camp. Marge.   *1*

74 **Charponier** (Chez). Petits sujets des amours de   *1   25*
Jupiter.

75 **Chodowiecki**. 12 p. Avant toute lettre sur la   *1   25*
même planche.

76 **Coypel** (D'ap.). Ce dépit n'est point redoutable.   *1   50*
— L'Amant magnifique, d'ap. Courtin. 2 p.

2 25 77 **Darcis**. La Brouille, le Raccommodement. 2 p.

7 78 **Debucourt**. Les Galants surannés. — Route de Naples. 2 p.

Vig 10 50 79 **Eisen** et autres (D'ap.). Les Sens, etc. 24 p.

Baudicour 9 80 **Flipart**. Scènes vénitiennes, intérieurs. 3 p. in-fol.

7 50 81 **Freudeberg** (D'ap.). Réduction en très-petit des scènes de la journée d'une jolie femme. 10 p.

2 25 82 **Grateloup**. Deux Têtes. — Trois petits Soldats. 2 p.

Vig 5 83 **Gravelot** (D'ap.). Partie de chasse d'Henri IV. 5 p.

Vig 9 84 **Greuze** (D'ap.). Diane, Calisto, la Laveuse. — La Dévotion de la famille au logis. — Les Défauts corrigés, d'ap. Schenau. 5 p.

1 50 85 **Guerard** (D'ap.). Les Exercices de Mars. 24 p.

Baudicour 6 50 86 **Jeaurat**. Enlèvement d'Europe, belle. — La Relevée, — la Vieillesse. 3 p.

1 87 **Lardy**. Tombeau de J.-J. Rousseau avec la vieille à genoux.

1 75 88 **Levasseur**. Les Soldats au repos. — L'Approche du camp. 2 p. d'ap. Diétricy. Belles ép. marge.

Baudicour 2 25 89 **Pillement** (D'ap.). Le Midi, le Soleil levant, le Repos des Voyageurs. 3 p., belles ép.

2 50 90 **Reynolds** (D'ap.). La Petite Rusée, par Bause. Très-belle.

2 75 91 **Tresca**. Les Croyables, costumes, 1790.

7 92 **Vernet** (D'ap. Carle). Course de Chars et autre, Mameluck, etc. 13 p.

1 75 93 **Vernet** (D'ap. J.). Marine et Paysages, par divers. 10 p.

Michel 7.

Michel 12.

Herlain 2

Michel 6

Acher

Michel 6

Michel 22

Michel [illegible]

Michel 3

[illegible] 15

94 **Watteau** (D'ap.). L'Amour au Théâtre-Français, par Cochin. Très-belle ép., marge.

PIÈCES EN COULEUR

95 **Pièces en couleur**. Danaé, d'ap. Van Dyck et autre. 2 p.

96 **Bonnet**, etc. Bazile et Laurette, la Main-Chaude, etc. 3 p. en couleur.

97 **Dawe**. L'Archiduc Charles, in-fol., en couleur.

98 **Eisen** (D'ap.). Le Berger imprudent, en bistre.

99 **Jones**. Lord Spencer, Lady Spencer, Lord Russel, etc., jouant la comédie. 2 p. en couleur. Très-belles ép.

100 **Smith**. A Lady at Haymaking, en couleur, avant la lettre.

101 **Stubbs** (Townly). Savoir vivre sans six sous. — Sans souci. 2 p., femmes au bistre.

102 **Caricatures**. Musée grotesque ; le bon Genre ; Manière de jouer au diable ; les Montagnes russes ; Mme Véri ; l'Un soutient l'autre ; Dînerai-je ; Scènes des filles au Palais-Royal, et autres. 25 p.

103 Caricatures anglaises. Georges III, etc. 3 p.

104 Illustration pour la Jérusalem délivrée du Tasse. 22 p.

105 **Sujets historiques**. Mort d'un général en Amérique. Sup. ép. avant toute lettre ; fêtes en Italie et autres. 8 p.

106 Ecole française, etc. Chardin, Coypel, Pater, etc. 20 p.

107 Ecole italienne. Scènes de martyrs, etc. 36 p.

108 Ecole flamande, hollandaise, etc. 27 p.

108 Bis 22 pieces

PORTRAITS

109 **Avril**. Brizard. — Ducis. 2 port. in-fol.

110 **Balechou**. Rollin. In-fol., d'ap. Coypel.

111 **Benedetti**. Canova à mi-corps. In-fol., marge.

112 **Boizot**. 1776. Le comte de Provence.—Le comte d'Artois. 2 portraits in-4. Toute marge.

113 **Bollinger**. Charles de France, duc d'Angoulême et de Berry. 3 portraits in-8. Toute marge.

114 **Cathelin**. Bertin ministre; Louis XIV; Louis XV; Marie J.-L. de Savoie. 4 p. in-4. Marge.

115 **Chereau**. Marie Leczinska en pied, d'ap. Vanloo. In-fol.

116 **Chevillet**. La Jeune sultane (Mlle d'Hannetaire) pinçant de la Harpe. Belle ép. in-fol.

117 **Crespy** (chez). Mme la princesse d'Epinoy. Charmant petit portrait entouré d'ornements. Rare.

118 **Demarcenay**. Paoli; Stanislas Auguste de Pologne; Van-Dyck. 3 p. in-8.

119 **Desrochers**. Conti (Armand). — Louise Henriette. — Louis François. — La Dauphine. 4 p. in-8.

120 — Orléans (Gaston). — Duchesse de Montpensier. — Philippe. — La Palatine. 4 p. in-8.

121 — Mme d'Hautefort, duchesse de Schombert, in-8.

122 — Ecclésiastiques et autres. 25 p.

Hinger 42 , Herlein 4.

Herlein 2.70
Michel 5

Herlein 2.50

Colles 2.25   Michel 10

Hervey 5 /
daupline /

Herlein 5

33	Roget	R	2	50
37	Soutman		1	
38	Chasse	Forbin	5	
39	Stephanus	Herluison	7	
53	Lalonde	Berard	7	50
66	Correge		1	50
79	Les Sens	Michelot	10	50
83	Gravelot	Michelot	5	
84	Greuze	Acher	9	
94	Watteau	Michelot	15	
98	Eisen	Michelot	3	
99	Jones	Combrouse	6	
103	3 Cariatures	Michelot	1	
108 Bis	Ecole Flamande		1 4	
110	Rollin	Michelot	2	
113	Bollinger		1	
114	Cathelin	Herluison	2	
116	Cheviller Hannetaire		1	
117	Creguy	Michelot	10	
119	Dauphine	Hervey	2	50
124	Coypel		2	50
125	Dupin	Michelot	3	
			119	00

			112	
145	Lemire	Michelot	9	
151	Chartres	Michelot	3	
158	Coigneux	Seurin	1	
166	3 p.	Herluison	1	50
169	Bordier	Seurin	3	
170	2 p.	Herluison	2	25
173	Coypel	Martin	1	
177	Magalotti	Cailles	2	
188	1 napoleon	Xavier	2	
190	21 Cadoudal		1	
191	20 p.		2	
194	33 artistes	Herluison	5	
	24 artistes		3	
199	50 p.		1	
201	Orleans	Herluison	8	
202	27 napoleon	Xavier	7	
209	bis 11 p.		2	
	6 p.		2	80
			168	25
			8	45
			176	70

781
Bordereau   176 70
            604 - 30
Honoraires   55 - 70
            660 - 05

Michel. 3. 50
3 50

3 50
10. 50

Herbin 2

123 **Drevet.** Samuel Bernard en pied. d'ap. Rigaud. *8 50*
— B.-H. de Fourcy. Avec marge.
— Hélène Lambert, dame de Motteville, d'ap.
Largillière.
— Nicolas Lambert, d'ap. Largillière.
— Jean Issaly. In-4. D'ap. Largillière.
124 **Duchange.** A. Coypel et son fils. Belle ép. in- *2 50 Vig*
fol.
— Ch. de Lafosse, peintre. In-fol.
— (Chez). Louis XV jeune. In-fol.
125 **Dupin.** Duc de Penthièvre. — Turgot. 2 p. Gr. *3 Vig*
in-8.
— Ch. Ph. de France, comte d'Artois, petit
in-fol.
126 **Duponchel.** Louis XVI comme Dauphin et *2 25*
Marie-Antoinette. 2 p. Petit in-fol.
127 **Dupont** (H.). Le duc d'Orléans, avant et avec la *1*
lettre. 2 p.
128 **Dupuis.** Nicolas Coustou, sculpteur. — N. de *2 25*
Largillière, peintre. 2 p. in-fol.
— Statue de Louis XV, à Rennes, d'ap. Lemoine.
Gr. in-fol.
129 **Edelinck.** Ch. d'Hozier, généalogiste. In-fol. *1 1*
— Ch. Lebrun, peintre. Belle ép. collée.
— J. Hardouin Mansart. In-fol., marge.
— Gherardi, Pierre II, roi de Portugal. 2 p.
— Ch. Maurice Le Tellier, archevêque de Reims.
in-fol.
130 **Ficquet.** J.-B. Rousseau. In-8. *1 25*
131 **Filloeul.** Boutillier de Rancé. In-4. *1 25*
132 **Folkema.** Morett, d'ap. Léon. de Vinci. *1*

1. 75
Baudicour
133 **Frosne**. F. de Harlay, archevêque de Paris. In-4.

1 2
134 **Gaucher**. M^inc la comtesse Dubarry. In-8. Très-belle ép.

3
135 **Goltzius**. Petits portraits d'hommes. 2 p. Jean Boll, peintre. In-4. 3 p.

1 50
136 **Granthome**. Le duc d'Anjou. — Le duc de Lorraine. 2 p. in-8.

2
137 **Jeaurat**. Vleughels, peintre. In-fol.

1
138 **Klauber**. Bause. — Allegrain. 2 p. in-fol.

0
139 **Kol**. Ch. Guil. de Brunswick. — Ferdinand. 2. p. in-fol.

3
140 **Larmessin**. Lavallière ; la Palatine ; Mazarin ; cardinal de Bullion ; Senneterre, etc. 10 p. In-4.

9 50
141 **Larmessin**. Marie-Thérèse d'Espagne, dauphine. — Marie Leczinska. 2 port. en pied. In-fol. D'ap. Vanloo.
— Pierre Mayeur, abbé de Clairvaux. In-fol.

4
142 **Lasne** (Michel). Callot. — Sébastien Hardy. 2 p. in-8.

9 50
143 **Lebeau**. Comte d'Artois ; Condé ; Conti ; Cossé ; Maupeou ; Turenne, etc. 12 p. gr. in-8.

5
144 **Lehmann**. Luther et ses résidences. 9 p.

Aug 9
145 **Lemire**. Joseph II. Très-petit portrait. Sup. ép., toute marge.

3 50
146 **Lempereur**. Marguerite Lecomte. In-4.

Baudicour 1
147 **Lingée**. Lenoir, lieutenant-général de police. In-fol.

1
148 **Loéhon**. Ecclésiastique d'ap. Blondeau.—Autre, d'ap. Champagne. 2 p.

oller ? 50

Hahnenant 3.50   Michel. 8

Herbun   2

Michel.   5
Herbun   6 ⎫
               ⎬ 12
Herbun   6 ⎭

Jeun   1.

149 **Lubin** (J.). Ecclésiastiques. 5 p. in-fol.

150 **Malgo.** Marie-Antoinette. — La princesse de Lamballe. 2 portraits en pied. In-fol.

151 **Martin.** 1785. Le duc de Chartres. Gr. in-4.

152 **Masson.** Marin Cureau de la chambre. R. D. 24. 1ᵉʳ état.
— Perefixe. R. D. 61. 1ʳᵉ ép.

153 **Mellan.** Henriette Marie de Buade Frontenac. In-fol.

154 **Mellini.** Pollinchove. Avant la lettre.

155 **Morace.** J. Gott. Muller. Ep. lettre blanche et lettre noire. 2 p. in-fol.

156 **Morin.** Michel Letellier. R. D. 76. 1ʳᵉ et rare ép. avant le collet terminé et avant toute lettre. 1ᵉʳ état inconnu à Robert Duménil.

157 **Muller** (J.-G.). Hufeland. — Loder. 2 p. in-fol.

158 **Nanteuil.** Marie de Bragelone. R. D. 57.
— Bochard de Saron, chanoine de Paris. 42.
— Louis Hesselin, en ovale. 109.
— Pierre Lallemant, chancelier. 117.
— Jacques Le Coigneux, président, 125.
— Philippe d'Orléans, Monsieur. 208.

159 **Odieuvre.** Portraits tirés de cette collection. 13 p.

160 **Pas** (C. de). Henri IIII. — Jean-Baptiste, solitaire, par Thomassin. 2 p.

161 **Pauquet.** Louis-Philippe Iᵉʳ, avant et avec la lettre. 2 p.

162 **Perrier.** Simon Vouet, peintre. In-4.

163 **Petit.** Marie Leczinska jeune, d'ap. Vanloo. in-fol. — Plus âgée, d'ap. Latour. In-4. 2 p.

2 50 164 **Petit**. Louis XV. — Phelypeaux, comte de Maurepas. 2 portraits en pied. In-fol. D'ap. Vanloo.

0 165 **Pfeiffer**. Herder. — Wieland. 2 p. in-fol.

1 50 166 **Pitau**. D'Albizi. — Quesnel. — Roger de Piles, par B. Picart. 3 p.

3 50 167 **Poilly**. Le grand Condé, 1660. Petit in-fol.
— Gaston d'Orléans. Petit in-fol.
— Pierre le Moine. Très-belle ép. marge.

7 50 168 **Schmidt**. De la Tour, peintre, d'ap. lui-même. In-fol., 1742.
— Tubières de Caylus, év. d'Auxerre. In-fol.

10 50 169 **Schuppen**. Louis XIV, d'après Mignard. In-fol.
— Louis XIV, d'ap. Mignard. Grand in-4.
3 — L'intendant Bordier. In-fol., 1657.

2 25 170 **Simoneau**. Bignon. In-4. — Duc de Bourgogne. In-8. 2 p.

4 171 **Stimmer**. J. Marbach. In-4. Eau-forte, rare.

11 172 **Strange**. Charles Ier en manteau royal, d'après Van Dyck.

1 173 **Tardieu**. C.-A. Coypel. — Mesenguy. 2 p. In-4.

1 174 **Thomassin**. Médaillons Louis XIV, sa famille, princes et roi étrangers de l'époque, d'Ossat. 15 p. In-4.

1 175 **Tischbein** (d'ap.). Kotsebue. — Herder — Hufeland, etc. 4 p. In-fol.

1 25 176 **Trouvain**. Jouvenet, peintre, d'ap. lui-même. In-fol.

Certain 2.

Certain 2.

Martin 5.50

Calles 3

Calles 2 25

Xavier 4

177 **Vermeulen**. J. de Brunenc de Lyon. Petit in-fol.   *2*

    — Jaillot, géographe. In-fol.   *4*

    — Louis le Grand, d'ap. Geuslin, d'après nature. In-fol.

    — Magalotti, gouverneur de Valenciennes. In-fol.   *2*

    — Maximilien-Emmanuel, palatin. In-fol.

178 **Vorsterman** Charles, duc de Bourbon, connétable. Petit in-fol.   *1*

179 **Wartel**. Antoinette d'Autriche, reine de France, In-4.   *3*

180 **Wierix**. Portrait d'homme, ovale, avec fraise et cuirasse. Très-riche.   *2 50*

181 **Zastiera**. Franz-Joseph Ier d'Autriche, en pied. Ép. sur chine.   *0*

PORTRAITS CLASSÉS PAR NOMS

182 *Autriche* (Jean d'), 1571. Portrait d'une grande finesse.   *0*

183 *Bavière* (Marie-A.-Ch. de), Dauphine. In-4.   *0*

184 *Dubarry* (Mme la comtesse). In-8.   *1*

185 *Luther* (Monument de), à Wittemberg. In-fol.   *0*

186 *Mozart*, son père et sa sœur, lithog. d'après de Carmontelle. Ép. sur chine.   *0*

187 *Napier* (Vice-amiral Charles). Manière noire. In-fol.   *0*

188 *Napoléon* Ier.—III.—Marie-Louise. 5 p. In-fol.   *2 / 1*

189 *Prusse*. Élisabeth. — Fréd. Guillaume III, 2 p.   *0*

190 Personnages du procès Cadoudal. 24 p. In-8.   *1*

6

Vug 2

191 Portraits divers, gravés de l'in-8 à l'in-fol. Ecclésiastiques, femmes, etc. Environ 100 p. Sera divisé,

PORTRAITS LITHOGRAPHIÉS

3 2 5 192 **Portraits lithographiés.** Les Polonais et Polonaises, 1832. Suite de 97 p. in-fol. et 2 costumes.

3 5o 193 — Collection Delpech, généraux, etc., la plupart anciennes ép. et fac-simile. 65 p.

Vug 5
Wug 3 194 — Artistes, peintres, sculpteurs, de l'in-4 à l'infol. 57 p. 2 lots.

2 195 — Ecclésiastiques, religieux, papes, etc. 48 p.

1 196 — Écrivains, littérateurs, savants. 30 p.

1 5o 197 — Femmes célèbres, publiées par Straszewich. 12 p. In-fol., lithog.

6 198 — Femmes célèbres, reines, impératrices, princesses françaises et étrangères. Plus de 100 p. de l'in-4 à l'in-fol. Sera divisé.

3
Vug 1 199 — Ministres, députés, hommes politiques divers, français et étrangers. 154 p. de l'in-4 à l'in-8. Sera divisé.

1 200 — Famille des Bourbons : François Ier, Louis XIV, Louis XVI, Charles X, duc de Berry, la duchesse, ses enfants. 29 p.

Vug 8 201 — Famille d'Orléans : Henri, duc de Longueville, L. P. Joseph, Louis-Philippe Ier, Marie-Amélie, Ferdinand-Philippe, la princesse Hélène, la reine des Belges, ses sœurs et frères, etc. 52 p. de l'in-4 à l'in-fol. très-grand.

échan... f. 50 pour 28 a 30 pieces

lecture 10

Xavier 2/

Hoy 30

Bocher 12   Collen 3 2.

202 — Napoléon général, empereur, en buste, en pied, à cheval, étant mort, allégories, sujets et scènes où il se trouve. 96 portraits lithog., de l'in-4 au grand in-fol.

203 — Famille de Napoléon : Lætitia, Joseph, Louis, prince de Montfort, Joséphine, duc de Reichstadt en buste, en pied, mort, etc. 31 portraits.

204 — Généraux, hommes de guerre, etc. 105 p.

205 — Empereurs, rois, étrangers, etc. 48 p.

206 — Réunion des monarques, généraux, etc. 15 p.

207 — Orientaux : Mehemet-Ali, par H. Vernet, Omer-Pacha, Mahmoud, etc. 23 p.

208 Portraits anonymes, femmes, 23. — Hommes, 15. En tout 38 p.

209 Portraits de souverains étrangers, en pied, en grand costume, et autres personnages célèbres, marins, et divers. 30 p. Grand in-fol.

LITHOGRAPHIES

210 **Lithographies**. Divers sujets, caricatures, paysages. 64 p.

211 **Adam** (Victor). Le Bien , le Mal, etc. 14 p.

212 **Bellanger**. L'École du soldat et autres, costumes de la garde impériale, etc. 31 p.

213 **Charlet**. Albums 1823, 1825, 1826, fantaisies et autres. 110 p. lithog.

214 **Géricault**. Sujets de chevaux. 4 p.

215 **Leprince** (A.-X.). Les inconvénients des diligences. 12 p. coloriées.

216 **Monnier** (H.). Rencontres parisiennes. 41 p. rares, récréations. En tout 43 p. coloriées.

217 **Pigal**. Scènes de société, etc. 10 p. — Album pour rire, de Philippon, 6. En tout 16 p. coloriées.

218 **Raffet**. Album 1824, militaires, etc. 11 p.

219 Galerie des militaires français, par Bosio, Wafflard et autres. 24 p. lithog. In-fol.

220 **Photographies**. Sujets religieux, d'après les anciens maîtres allemands, etc. 25 p.

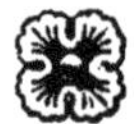

RENOU et MAULDE, imprimeurs de la Compagnie des Commissaires-Priseurs,
rue de Rivoli, 144   29749